Quell allen Lebens

Eine Auswahl aus den Gedichten von
Käte Walter

BUNDES-VERLAG · WITTEN

ABCteam

Bücher, die dieses Zeichen tragen, wollen die Botschaft von Jesus Christus in unserer Zeit glaubhaft bezeugen.

Das ABCteam-Programm umfaßt:
— ABCteam-Taschenbücher
— ABCteam-Paperbacks mit den Sonderreihen: Glauben und Denken (G+D) und Werkbücher (W)
— ABCteam-Jugendbücher (J)
— ABCteam-Geschenkbände

ABCteam-Bücher erscheinen in folgenden Verlagen:
Aussaat- und Schriftenmissions-Verlag Wuppertal und Gladbeck
R. Brockhaus Verlag Wuppertal / Brunnen Verlag Gießen
Bundes-Verlag Witten
Christliches Verlagshaus Stuttgart
Oncken Verlag Wuppertal

ABCteam-Bücher kann jede Buchhandlung besorgen.

1. Auflage 1981

Druck: Bundes-Verlag, Witten
Umschlaggestaltung: Fritz Jahrmarkt, Witten-Herbede
Titelfoto: Werner Müller, Stuttgart
(Brunnenkapelle im Kloster Maulbronn)

ISBN 3-8137-2658-4

Vorwort

Der Quell allen Lebens ist Gott. Aus ihm schöpft die Autorin, und zu ihm weist sie mit ihrem neuen Gedichtband. Käte Walter hat sich in der christlichen Lyrik einen festen Platz erworben. Ihre Gedichte sind so geschätzt, daß immer wieder nach neuen gefragt wird. Während der letzte Gedichtband „Mach mich getrost" hauptsächlich eine Auswahl aus den vergriffenen Gedichtbüchern „Zu Gottes Lob", „Von deiner Gnade will ich singen" und „Herr, bleibe bei uns" enthielt, sind in dem vorliegenden Band vorwiegend neue Gedichte der Autorin aufgenommen worden. Wie beliebt die Gedichte von Käte Walter sind, wird auch daran erkennbar, daß ihre Verse teilweise als Chorsätze vertont wurden und sich im Losungsbüchlein der Brüdergemeine und auf zahlreichen Spruchkarten finden.
Gottes bewahrende Güte zieht sich wie ein leuchtender Faden durch ihr langes Leben. Sie stammt aus Mecklenburg. Krankheitsnöte in der Familie durchkreuzten manche ihrer Pläne. Sie wurde als Jugendhelferin und Krankenschwester ausgebildet, konnte aber ihren Beruf wiederum aus Krankheitsgründen kaum ausüben. In dieser leidvollen Lebensführung ist sie gereift, und das spürt man ihren Gedichten ab. Ihren Lebensabend verbringt die noch überaus tätige Dichterin bei Bad Oeynhausen. Wir wünschen diesem neuen Band eine weite Verbreitung. Mögen die Gedichte vielen Menschen zum Trost, zur Freude und zum Segen werden.

Im Frühjahr 1981

Bundes-Verlag

Inhalt

Auch in den Wirren 32
Auf den abendstillen Wegen 54
Aus eigner Kraft 39

Bleib bei uns, Herr 68

Das ist allzeit mein Genügen 38
Das ist das allerbitterste 76
Das ist die wahre Freude 27
Das ist ein rechter Tagbeginn 16
Das Jahr hat viele Tage 58
Daß du, o Herr, regierst 39
Das sei der erste Morgenklang 16
Deine große Güte 53
Deine guten Hände 25
Deine Seele hat Flügel 44
Dein Vorbild, Herr 39
Der Dank ist wie ein Vogellied 13
Der einst dem Wind und Meer 41
Der Quell des Lebens 9
Der zum Himmel du gefahren 79
Die Jünger, die den Weg 19
Du bist der wahre Lebensquell 35
Du hältst unsres Lebens Waage 37
Du hast dein Volk getragen 80
Du hast den Himmel aufgetan 42
Du heil'ges Kind der Gnaden 63
Du Kreuz von Golgatha 72
Du, unser Heiland 51
Du weißt, Herr 28
Du wollst dein Licht 60

Einer läßt dich nie allein 23
Ein Jahr des Lebens 59
Ein festes, sichres Wandern 56
Ein jeder möcht der Größte sein 38

Ein jeder Tag ist Gnade 48
Ein jeder Tag kommt einmal nur 47
Eins erbitt ich 19
Es ist so wundersam am Jahresrand 68
Es sät der Sämann seine Saat 47

Felsengrund, auf dem wir stehen 77
Führe du mich durch das Heute 46

Geh betend in den Tag hinein 18
Geh offnen Auges 41
Gnade ist es 50
Grau sind die Tage 52

Herr, deine Güte ist so groß 23
Herr, du wollst in uns entfachen 42
Herr, in den Mantel 24
Herr, nimm auch diesen Tag 20
Herr, steh du mir in Gnaden 18

Ich weiß mich, Herr 46
Immer wieder muß ich danken 14
In diesem hellen Osterschein 75
In dir allein ist Freude 25
Ist dir auch dunkel 42
Ist uns dein Tun 37

Ja, aus Tod und Grabesbanden 74
Jauchz Erd und Himmel 66
Jede Blüte 53
Jeden Tag ein fröhlich Danken 13
Jesu Sieg ist unser Leben 76

Kein Herz braucht zu verzagen 35

Leg dich nur getrost zur Ruh 31
Leise hebt die Morgenröte 12
Lobsinge, Herz, dem Einen 16

Meeresweite, Meeresstille 55
Meine Gnade soll nicht 49
Menschen der Stille 34

Menschenurteil ist uns wichtig	41
Nicht auf gestern	54
Nicht immer können Blumen	32
Nun fällt das Licht der Ewigkeit	65
Nun hebt die große Freude an	67
Nun kann es nie ganz dunkel werden	75
Nur wer im Dunkel gestanden	64
O du gnadenreiche Zeit	60
O du heil'ges Geisteswehen	78
Sei getrost und unverzagt	30
Siegesruf, der alle Himmel füllt	73
So dunkel ist kein Tann	40
Stille ist Kraft	20
Tage des Dankens	15
Trost der Kranken	24
Über allem Haß und Streiten	71
Über deinen Namen fröhlich	22
Über einer verlorenen Welt	61
Und immer wieder reiht sich Jahr	69
Und wenn du noch so einsam bist	29
Und will dir nichts gelingen	37
Viele Wege	44
Von Gott geliebt	26
Wär jeder Tag in dieser Zeit	46
Warum war der Tag so nutzlos	38
Was für ein Licht	36
Welch ein Geschehen	74
Wer kann die Wellen halten	43
Wie du immer uns willst führen	36
Wie hüllt uns deine Liebe ein	55
Wie traut hält uns umfangen	62
Wir brauchen immer nur	69
Wir preisen dich, Herr	70
Wir sind kein leeres Blatt	40
Wir sind voller Schuld	34

Zum Geleit

Bei dir ist die Quelle des Lebens.
Psalm 36, 10

Der Quell des Lebens, Herr, bist du,
du bist der Friede, bist die Ruh,
der Seele tiefe Stille.
Von dir kehrt niemand leer zurück,
du schenkst dem Herzen wahres Glück,
in dir ist ja die Fülle.

Wo man auch schöpft, ob dort, ob hier,
wir finden Kraft doch nur bei dir,
denn du, Herr, bist das Leben.
So gib, daß unser Krug nie leer
und wir zu deines Namens Ehr
auch dankbar weitergeben!

Lob und Dank

Leise hebt die Morgenröte
sich am Horizont,
und die neuerwachte Weite
liegt nun bald durchsonnt.
In dem Busch- und Baumgeäste
jauchzt der Vögel Chor,
und es steigt zum Herrn der Welten
Dank um Dank empor.

Jubilate! Singe, klinge,
müdes Herz, auch du,
und zu Gottes Herzen dringe,
das allein gibt Ruh!
Seinem Herzen bleibe nahe,
was dir auch geschieht,
und der Dank für seine Liebe
wird zum Jubellied!

Jeden Tag ein fröhlich Danken
dem, der Licht und Leben schenkt,
und von Herzen ihm vertrauen,
der auch unsre Wege lenkt.

Unter seinen Augen schaffen,
was er uns zu tun gebeut,
und ein Fünklein Heilandsliebe
tragen in die dunkle Zeit!

*

Der Dank ist wie ein Vogellied,
das sich zum Himmel schwingt
und unserm Schöpfer Preis und Ehr,
Lob und Anbetung bringt.

Weit über Sorg und Alltagsgrau
trägt uns der Dank hinauf
und schließt uns in des Vaters Haus
des Segens Tore auf.

Immer wieder muß ich danken
für das, was auch mir getan,
was von Krippe, Kreuz und Grabe
mich an jedem Tag schaut an.

Muß anbetend staunend stehen
vor dem tiefen Liebesrat,
der mein winzig Körnlein Leben
auch mit eingeschlossen hat.

Muß mich immer wieder neigen
vor der heil'gen Friedensstatt,
wo einst durch des Todes Schweigen
Gott so laut geredet hat.

Ja, es ward sein heil'ges Zürnen
auch für mich am Kreuz gestillt.
Immer wieder muß ich danken,
daß solch Lieben auch mir gilt.

Tage des Dankens sind Meilensteine,
lehren uns Wanderer, stillezustehn,
alles im Leben, das Große und Kleine,
in dem Lichte der Gnade zu sehn.

Tage des Dankens sind lichte Höhen
über dem Alltag voll Mühe und Pflicht,
wo uns die Winde der Heimat umwehen
und Gottes Liebe so laut zu uns spricht.

Tage des Dankens schaun weit in die Runde,
sind voll Vertrauen und ohne „Warum?",
wissen: das Leben ist Gnadenstunde,
führen zu Gott uns ins Heiligtum.

Das ist ein rechter Tagbeginn,
der voller Danken ist,
weil ich in dir geborgen bin,
mein Heiland Jesus Christ.

*

Das sei der erste Morgenklang,
von Herzensgrund ein tiefer Dank
zu Lobe dem, der an uns denkt
und Tag um Tag uns Leben schenkt!

*

Lobsinge, Herz, dem Einen,
dem aller Ruhm gebührt,
der wunderbar die Seinen
durch Nacht zum Lichte führt!

Bitte und Gebet

Geh betend in den Tag hinein!
Was immer er auch bringt,
nimm betend es aus Gottes Hand,
was fehlschlägt, was gelingt!

Geh betend durch des Tages Last,
dann wird dir nichts zu schwer!
Der Wegbereiter, Jesus Christ,
er geht ja vor dir her.

Er weiß, wieviel du tragen kannst.
Blick betend zu ihm auf!
Dann fällt ein Strahl der Ewigkeit
auf deinen Tageslauf.

Im Beten legst du dich getrost
in Gottes Vaterhand;
es ist das glaubensvolle Ja,
das seine Lieb erkannt.

*

Herr, steh du uns in Gnaden bei,
daß unser Leben nicht als Spreu
mög einst erfunden werden!

Schenk Glaubenskraft und Zeugenmut,
entzünde neuer Liebe Glut
zu Lobe dir auf Erden!

Herr, lehre uns beten!
Lukas 11, 1

Die Jünger, die den Weg mit dir gegangen,
um deiner Weisheit Lehren zu empfangen,
sie ahnten nur das heilige Geschehen,
wenn sie dich einsam sahn zum Vater flehen.
Ach, könnten sie so vor den Vater treten!
Inbrünstig bitten sie: „Herr, lehr uns beten!"

Und wir? Wer hilft den glaubensmüden Schwingen,
daß sie mit starkem Stoß zum Himmel dringen?
Der Worte viel, doch ohne Kraft und Leben,
sie können niemals aus dem Staub uns heben.
Kraftlos wir immer wieder unterliegen
und möchten aufwärts steigen, glaubend siegen.

So wollen bittend wir vor dich hintreten
wie deine Jünger einst: „Herr, lehr uns beten!"

*

Eins erbitt ich für die dunkelste der Lebenstunden,
für des Herzens allergrößte, herbste Wunden,
daß kein Leid mich schlägt so tief in Bann,
daß für Gottes Güte ich nicht danken kann!

Herr, nimm auch diesen Tag in deine Hand
und wandle alles, was er bringt, in Segen!
Laß mich auf dich nur blicken unverwandt,
daß eigner Wunsch und Wille sich nicht regen!

Schenk ein geöffnet Ohr für dein Gebot,
für deine Stimme in des Tages Treiben,
daß ich das Rechte tue, das, was not,
und laß mich allezeit in dir, Herr, bleiben!

Ja, nimm auch diesen Tag in deine Hand,
daß er nicht sei umsonst gelebt, vergebens,
nicht leer und nutzlos rinne in den Sand,
daß er dir Früchte bringe, Herr des Lebens!

Ein Tag, ein winzig Korn, und wiegt doch schwer,
ist unser Leben doch ein Heer von Tagen;
nimm sie in deine Gnadenhand, o Herr,
daß sie uns immer näher zu dir tragen!

*

Stille ist Kraft, drum mache mich still,
meinen Willen in deinen hüll!
Sorgen und Unrast bringe zur Ruh.
Mache mich stille und rede du!

Zuflucht und Trost

Sie werden über deinen Namen
alle Tage fröhlich sein.
Psalm 89, 17

Über deinen Namen fröhlich —
schenk es uns in deiner Gnad,
daß er immer heller strahle
über unserm Lebenspfad.

Daß er unser Leitstern werde
immer mehr in Erdennacht,
dieser eine große Name,
der allein uns selig macht.

Gib, daß er uns alles werde,
senk ihn tief ins Herz hinein.
Laß uns über deinen Namen
alle Tage fröhlich sein!

Herr, deine Güte ist so groß,
daß wir es niemals fassen,
und kommen doch nicht davon los,
das Sorgen ganz zu lassen.
Bedenk es, Herz, und werde still!
Gib dem dein Heut und Morgen,
der nur das Beste für dich will!
Er sollt für dich nicht sorgen?

*

Einer läßt dich nie allein
in des Weges Mühen,
darfst mit allem, was dich quält,
täglich zu ihm fliehen.

Einer ist dir immer nah,
auch in schwersten Stunden,
ließ sich einst auf Golgatha
auch für dich verwunden.

Dieser Eine läßt dich nicht,
brauchst nie zu verzagen,
denn dein Heiland Jesus Christ
wird hindurch dich tragen.

Herr, in den Mantel deiner Liebe
hüllst du mich Stund um Stunde ein.
Ob hell der Tag, ob dunkel, trübe,
du, Herr, bist mein, und ich bin dein.

Du bist der Trost zu allen Zeiten,
der du die Deinen nicht vergißt.
Geborgen ist in Ewigkeiten
nur, wer in dir, Herr Jesus Christ.

*

Trost der Kranken, Kummervollen,
der Betrübten in der Not,
auf dich schaun wir voll Vertrauen,
Sieger über Höll und Tod.

Licht in unsern Dunkelheiten,
Kraftquell, wenn das Herz verzagt
in den langen Leidensnächten,
bis der neue Morgen tagt.

Zuflucht alle Tag und Stunden,
Bergungsort im Flug der Zeit,
Heilung auch der tiefsten Wunden
heute und in Ewigkeit.

Hilf uns, Herr, bei dir zu bleiben,
scheint auch nirgendwo ein Licht,
bis wir einst im sel'gen Schauen
stehn vor deinem Angesicht!

Deine guten Hände —
welch Geborgensein! —
hüllen allerende
mich in Frieden ein;

sind mir Zufluchtstätte,
die mich schützt und hält,
in die ich mich rette
aus der wirren Welt.

Flüchte mich aufs neue
täglich zu dir hin,
weil in deiner Treue
ich geborgen bin.

*

In dir allein ist Freude,
Herr Christ, du unser Heil!
Durch dich wird uns ein Leben
in Ewigkeit zuteil.

Mein Herz, du darfst nicht zagen,
was immer dich betrübt,
weil dich an allen Tagen
dein Gott und Heiland liebt.

Er füllt das Herz mit Freude,
wie niemand es vermag,
führt uns zur rechten Weide
bis an den letzten Tag.

Von Gott geliebt! Warum sollt ich noch zagen?
Du weißt den Weg für mich, das ist genug.
Du wirst mich auch durch Dunkelheiten tragen,
du, der die größte Last einst für uns trug.

Von Gott geliebt in alle Ewigkeiten!
Das macht getrost in Freud und Ungemach;
das trägt hindurch auch durch die schwersten
Zeiten,
geliebt von dem, des Herz einst für uns brach.

Von Gott geliebt! Was kann mir dann noch
schaden?
Das gibt dem Leben ja erst seinen Sinn,
daß ich — versiegelt mit dem Wort:
„Aus Gnaden!" —
zur ew'gen Herrlichkeit berufen bin.

Das ist die wahre Freude,
die in dir ruht, Herr Christ,
der auch im tiefsten Leide
uns Trost und Zuflucht ist.

Das ist der wahre Frieden,
den Jesus uns erwarb,
als er für uns hienieden
am Stamm des Kreuzes starb.

Du Trost der Gottesgnade!
Das Wort: „Es ist vollbracht!“
erleuchtet unsre Pfade,
ist Licht in unsrer Nacht.

Des Herzens tiefes Bangen
stillt Jesus nur allein.
Er kennt unser Verlangen
und will uns alles sein.

So bin ich heut wie morgen
getrost, voll Fried und Ruh,
und wandere geborgen
der ew'gen Heimat zu.

Vertrauen

Du weißt, Herr, was ich tragen kann,
das macht getrost und still,
wenn auf der wirren Erdenbahn
es dunkel werden will.

Du littest selbst das tiefste Leid,
du weißt um Not und Pein,
schufst unser Heil in Ewigkeit
und läßt uns nicht allein.

Hemmt manche Last auch meinen Lauf,
du nimmst dich meiner an;
legst deinem Kind ja nicht mehr auf,
als was es tragen kann.

Getrost

Und wenn du noch so einsam bist,
bist du doch nicht allein.
Dein Herr und Heiland Jesus Christ
will immer bei dir sein.

Sag ihm die Not, die dich bedrückt,
und alles, was dir schwer.
Ist niemand, der das Herz erquickt,
so liebevoll wie er.

Er hat dich je und je geliebt,
er rüstet dich mit Kraft.
Er ist es, der dir Frieden gibt
auf deiner Wanderschaft.

Laß ihn noch heute zu dir ein
und sag ihm deine Not,
dann wirst du nie mehr einsam sein
im Leben und im Tod.

Sei getrost und unverzagt,
blick nur auf den Herrn!
Wer's mit ihm im Glauben wagt,
dem hilft er so gern.

Der einst trug die schwerste Last,
alle Schuld der Welt,
dessen Lieb auch dich umfaßt,
dessen Hand dich hält.

Sag ihm alles, was dich quält,
schenk ihm dein Vertraun!
Die er zu den Seinen zählt,
läßt er Wunder schaun!

Der dich behütet, schläft nicht.
Psalm 121, 3

Leg dich nur getrost zur Ruh,
einer hält die Wacht,
schließt des Tages Pforte zu,
hat auch auf dich acht!

Der selbst einer dunklen Nacht
schenkt das Sternenlicht,
hält auch über dir die Wacht,
bis der Tag anbricht.

Hält auch dich in sichrer Hut,
einer: Jesus Christ.
Wer in seinem Frieden ruht,
wohlgeborgen ist.

Auch in den Wirren dieser Erdenzeit
voll Trug und List,
ist doch in deiner Hand Geborgenheit,
Herr Jesus Christ.

Die Hand, die auch für mich gelitten hat,
ist stark und treu,
umschließt mich mit dem Siegel ew'ger Gnad
täglich aufs neu.

O unergründlich tiefe Liebesmacht,
ich trau auf dich.
Du hältst und trägst mich bis zur letzten Nacht
und ewiglich.

*

Nicht immer können Blumen
an unserm Wege stehn,
doch Gottes ew'ge Gnade
will immer mit uns gehn.

Besinnung und Stille

Menschen der Stille,
deren Wille
dem höchsten Willen ist untertan,
Menschen, die schweigen
und sich beugen,
daß Gott mit ihnen reden kann,
ins Ew'ge senken
all ihr Denken,
die wollst du schenken unserer Zeit:
Menschen der Stille,
denen Fülle
zuströmt vom Licht der Ewigkeit!

*

Wir sind voller Schuld und Schaden,
einsam und verlassen hier,
uns, Herr, hast du eingeladen,
als du riefst: „Kommt her zu mir!"

Wer kann so wie du erquicken
in dem heißen Wüstensand?
Bauest uns der Gnade Brücken,
Herr, mit der durchgrabnen Hand.

Was auch immer uns begegnet,
ob wir vieles nicht verstehn,
gib, daß auch das Leid uns segnet
und wir deine Liebe sehn!

Du bist der wahre Lebensquell,
der alles Dürsten stillet.
Dein heil'ges Wort, so klar und hell,
das Herz mit Frieden füllet.
Du bist der Helfer in der Not,
der Trost zu allen Zeiten,
der Sieger über Höll und Tod
in alle Ewigkeiten.
Du bist das starke Weggeleit
auf allen Lebensstraßen.
Herr, hilf, dich heut und allezeit
noch fester zu umfassen!

*

Kein Herz braucht zu verzagen,
wie stürmisch auch der Wind;
denn du, Herr, willst uns tragen,
bis wir zu Hause sind.

Was für ein Licht auf unsern Wegen,
das alles Dunkel überhellt:
Wir wandern unter Gottes Segen
als seine Kinder durch die Welt!

*

Wie du immer uns willst führen,
du getreuer Herr und Hirt,
laß nur deine Näh uns spüren,
wenn es um uns dunkel wird!

Du hältst unsres Lebens Waage.
Füll mit Gnade sie allzeit,
daß aus jedem unsrer Tage
leuchte deine Herrlichkeit!

*

Ist uns dein Tun auch oft verborgen
und können wir es nicht verstehn,
wir sind doch dein, und du wirst sorgen.
Du willst nur unsern Glauben sehn.

*

Und will dir nichts gelingen
im trüben Tageslauf,
der Dank löst dir die Schwingen,
trägt dich zu Gott hinauf!

Warum war der Tag so nutzlos und leer?
Warum er so trübe verblich?
Gott hat in dem rastlosen Hin und Her
vergeblich gewartet auf dich.

*

Ein jeder möcht der Größte sein.
Gott wägt die Treue nur allein.

*

Das ist allzeit mein Genügen,
deinem Willen mich zu fügen.

Aus eigner Kraft
erwächst uns kein Leben.
Nur wer empfängt,
der kann weitergeben.

*

Dein Vorbild, Herr,
uns täglich lehr,
daß dienen ist
die größte Ehr.

*

Daß du, o Herr, regierst
— es komme, wie es will —
und unser Leben führst,
das macht so still.

Wir sind kein leeres Blatt im Schicksalswind,
wir stehen unter gnadenvollem Leiten,
das uns als unsres ew'gen Vaters Kind
für seine Herrlichkeit will zubereiten.

Du Herr der Welten und der Ewigkeit,
du hältst in deinen Händen unser Leben,
in deinen Händen steht auch unsre Zeit
und alles, was du uns als Lehn gegeben.

Das füllt das Herz mit großer Zuversicht,
wie immer unser Weg sich mag gestalten,
wir wandern, Herr, in deiner Gnade Licht
und wissen uns getragen und gehalten!

*

So dunkel ist kein Tann im Waldesraum,
daß nicht ein Lichtstrahl rann um jeden Baum.
So tief ist keine Nacht — mein Herz, sei still! —,
die Gottes Gnade nicht durchleuchten will.

Menschenurteil ist uns wichtig,
doch vor Gott ist alles nichtig,
wenn es nicht für ihn getan.

Einmal wird es ja geschehen,
daß wir alle vor ihm stehen,
daß er legt den Maßstab an.

*

Geh offnen Auges durch die Flur,
durchs grünende Gelände,
dann schaust du Gottes Liebesspur,
die Wunder seiner Hände!

*

Der einst dem Wind und Meer gebot
in sturmdurchtobter Nacht,
der wendet auch die tiefste Not,
die glaubend ihm gebracht.

Herr, du wollst in uns entfachen
immer neu des Glaubens Licht,
daß wir dir entgegenwachen,
bis dein großer Tag anbricht!

*

Du hast den Himmel aufgetan,
den Weg des Heils vollendet.
Hilf, Herr, daß unsre Erdenbahn
bei dir im Lichte endet!

*

Ist dir auch dunkel heute noch mein Tun —
ich bin bei dir auch in dem tiefsten Leide.
Dereinst, wenn alle bangen Fragen ruhn,
weißt du's: Ich führte dich zur rechten Weide.

Flüchtige Zeit

Wer kann die Wellen halten
im wilden Strom,
der Wolken Dunstgestalten
am Himmelsdom?

Es gleiten Stund um Stunde
im Nu dahin,
und schließt der Tag die Runde —
was war sein Sinn?

Kein Sorgen und kein Mühen
hält auf die Zeit;
des Lebens Jahre fliehen
zur Ewigkeit.

In all der Hast, dem Toben,
Herz, bleibe still,
und lausche nur nach oben,
hör, was Gott will!

Regiert sein heil'ger Wille
dein ganzes Sein,
schließt ew'gen Segens Fülle
die Zeit hier ein.

Deine Seele hat Flügel, vergiß es nicht!
Sie kann nur leben und atmen im Licht.
Laß sie dem Alltag nicht fallen zum Raub,
laß sie nicht darben in Nesseln und Staub!
Lehre sie frühe, von lichten Höhn
das Kleine und Große im Leben zu sehn!
Gönn Feiertagsstille ihr dann und wann,
daß sie ihre Schwingen erproben kann,
daß sie dich aufwärts tragen zum Licht.
Deine Seele hat Flügel — vergiß es nicht!

*

Viele Wege und doch nur ein Ziel,
dem wir alle hier entgegenwandern,
warum trennt uns oftmals denn soviel
von den Weggenossen, von den andern?

Im Strom der Zeit

Führe du mich durch das Heute,
Herr, bewahre meinen Schritt!
Bleib du selber mir zur Seite
und geh Stund um Stunde mit!
Laß in deinem Gnadenschein
mich allzeit geborgen sein!

*

Ich weiß mich, Herr, in dir geborgen,
in deiner Liebe find ich Ruh.
Du trägst mich heute, wie auch morgen,
und einst der ew'gen Heimat zu.

*

Wär jeder Tag in dieser Zeit,
als wenn's der letzte wäre:
ein Tag, an dem uns nichts gereut,
ein Tag im Blick zur Ewigkeit,
ein Tag zu Gottes Ehre!

Ein jeder Tag kommt einmal nur zu dir.
Ließt du ihn leer —
vertan ist er, verschlossen seine Tür,
er kommt nicht mehr.

Auch jede Stunde, jede karge Frist
kommt einmal nur.
Laß auf dem Weg, den du gegangen bist,
der Liebe Spur!

*

Es sät der Sämann seine Saat
in weichen Ackers Krume.
Sie wächst und reift durch Gottes Gnad
dem Herrn der Welt zum Ruhme.

Wir säen auch mit Wort und Tat.
O wär's zu Gottes Ehre,
daß jede noch so kleine Saat
von ihm gesegnet wäre!

Es sind die Tage arm und leer,
die sich im Ich verlieren,
wenn nicht dein heil'ges Wort, o Herr,
dein Wille uns regieren.

Die Zeit verrinnt im Stundenschlag —
Herr, laß es doch gelingen,
daß wir am großen Erntetag
dir volle Garben bringen!

Ein jeder Tag ist Gnade,
den du allein, Herr, schenkst.
Auch auf dem dunklen Pfade
du treu an uns gedenkst.
Leit uns auf deinen Wegen!
Gib festen, frohen Schritt
und geh mit deinem Segen
an allen Tagen mit!

In früher Morgenstunde,
Herz, werde andachtsstill,
und hör aus Gottes Munde,
was er dir sagen will.
Das gibt beschwingtes Wandern,
in Gottes Auftrag stehn
und auf die Not der andern
mit seinen Augen sehn.

Herr, laß uns von dir lernen:
zu lieben, wie du liebst,
den Nahen und den Fernen
zu geben, wie du gibst!
Hilf uns, das Ich bezwingen;
zum Dienen du uns schufst,
dir Garben einzubringen,
wenn du nach Hause rufst!

Es sollen wohl Berge weichen und Hügel hinfallen; aber meine Gnade soll nicht von dir weichen, und der Bund meines Friedens soll nicht hinfallen, spricht der Herr, dein Erbarmer.
Jesaja 54, 10

„Meine Gnade soll nicht von dir weichen“ —
das ist Sternenleuchten in der Nacht,
ist ein Trostwort, das ganz ohnegleichen
jedes bange Herz voll Frieden macht.

Tiefste Dunkelheit, die muß nun tagen
unter diesem wundersamen Licht,
das in Not und Leid und — im Versagen
immer wieder neu schenkt Zuversicht.

Traue doch dem königlichen Worte,
findest du den Weg nicht mehr nach Haus,
und geh dankend durch die offne Pforte;
denn es reicht des Heilands Gnade aus!

Gnade ist es, nichts als Gnade,
von der Tag um Tag wir leben.
Alles auf dem Erdenpfade
ist uns, Herr, von dir gegeben.

Laß uns immer daran denken,
wenn wir früh die Sonne grüßen,
uns ins Tagewerk versenken
und des Tages Tore schließen!

Selbst noch in der nächt'gen Stille
sind wir, Herr, in dir geborgen,
bis dann deiner Güte Fülle
neu uns grüßt an jedem Morgen.

Wie die Quellen rastlos fließen,
fröhlich sprudelnd ohne Ende,
müßt sich unser Dank ergießen,
Herr, für deine Segenshände.

Laß uns deiner Gnade Fülle
Tag um Tag vor Augen stehen,
bis wir einst nach Sturm und Stille
dürfen, Herr, dein Antlitz sehen!

Auf dem Lebensweg

Du, unser Heiland Jesus Christ,
der du uns allzeit nahe bist
mit deinem Heil und Frieden,
gib, daß wir auf der Wanderschaft
auch täglich spüren deine Kraft
im Erdenlauf hienieden.

Du wollest, wenn du gibst und nimmst,
bei allem, was du uns bestimmst,
uns unser Herze stillen,
weil man es doch so leicht vergißt,
wenn es rings um uns dunkel ist,
daß nichts ohn deinen Willen.

Ja, halte uns an deiner Hand,
daß wir dir bleiben zugewandt
auf allen unsern Wegen.
Das macht so fest und froh den Schritt,
daß du, Herr, selber gehest mit,
und mit dir ist der Segen.

November

Grau sind die Tage und so dunstverhangen,
kein Fleckchen Blau am trüben Himmelszelt.
Eintönig rinnt der Regen auf die Welt,
die eingehüllt in Schwermut und in Bangen.

Grau sind die Tage; Nebel deckt die Weiten,
doch bleibt das Herz von Zuversicht erfüllt:
Wir gehn zum Licht, das alle Sehnsucht stillt;
drum laßt uns aufrecht durch das Dunkel schreiten!

Harrt unser doch des Herzens tiefster Segen,
den uns Advent und Weihnacht hält bereit. —
So gehn wir durch der Erde Dunkelheit
getrost dem Licht der Ewigkeit entgegen.

Deine große Güte macht so klein,
hüllet alle Tage neu mich ein,
öffnet jeden Morgen mir das Tor,
daß des Lebens Welle rauscht empor;
steuert meinen Nachen durch die Flut,
weist ihm vor den Stürmen sichre Hut,
schenkt nach Alltagsmühen Abendruh,
schließt des Tages goldne Pforte zu,
senkt herab die friedevolle Nacht
und nimmt von mir, was mich müde macht.
Füll mit Dank mich, Herr, zu aller Zeit
für die Wunder deiner Herrlichkeit!

*

Jede Blüte
ist Gottes Güte
und jede Freude.
Gott sendet beide.

Geh nicht vorüber,
sind sie auch klein,
nimm sie mit Danken
ins Herz hinein!

Auf den abendstillen Wegen hallt mein Schritt.
Nur der Mond im Sternenreigen wandert mit.
Wie umflossen von des Mondes mildem Schein,
so hüllt Gottes große Güte treu mich ein.
Geht's durch Sonne, Mondenschimmer oder
Nacht,
bin von Gottes Vaterauge stets bewacht.

*

Nicht auf Gestern, nicht auf Morgen
soll der Blick gerichtet sein,
heute will Gott für uns sorgen,
heute will er bei uns sein.

Seiner Weisheit Gnadenfülle
setzte jedem Tag sein Ziel.
Durch die Nacht voll Ruh und Stille
wehrt er jeglichem Zuviel.

„Ein Tag hat genug der Plagen",
mahnt der Herr uns voll Verstehn,
darum wollen wir es wagen
durch den einen Tag zu gehn.

Ein Tag läßt sich wohl bezwingen.
Für den einen — noch so schwer —
reichen auch die müden Schwingen,
hilft uns heute doch der Herr.

Meeresweite, Meeresstille,
alle Stürme sind zur Ruh.
Leise schließt der Abendfriede
nun des Tages Pforte zu.

Mach auch deine Seele stille
in dem weiten Friedenszelt;
Gottes ew'ger Liebeswille
deines Lebens Schale hält.

*

Wie hüllt uns deine Liebe ein
an allen unsern Tagen!
Herr, laß uns diesen hellen Schein
mit unserm Leben, unserm Sein
zu andern Herzen tragen!

Was ich dir wünsche!

Ein festes, sichres Wandern,
den Blick nach ew'gen Höhn,
als Segen für die andern
in frohem Schaffen stehn!

Ein Herz, das Sturm und Stille
zu Gottes Herzen trägt
und aller Sorgen Fülle
in seine Hände legt;

bereit zum Dank und Loben,
was Gottes Güte beut,
ein Fensterlein nach oben
fürs Licht der Ewigkeit!

Im Jahreslauf

Siehe, ich bin bei euch alle Tage.
Matthäus 28, 20

Das Jahr hat viele Tage.
Ob sie voll Not und Plage,
ob Freude sie hüllt ein —
was sie auch zu uns tragen,
es will an allen Tagen
der Eine bei uns sein.

An allen unsern Tagen!
Drauf sollten wir's nicht wagen,
still und getrost zu sein?
Auch in den Finsternissen
darf unser Herz es wissen:
Er läßt uns nicht allein!

Herr über Stund und Zeiten,
die uns im Nu entgleiten,
du weißt um ihren Sinn.
Du füllst den Tag mit Gaben.
Wenn wir dich bei uns haben,
ist jeder uns Gewinn.

So führ uns bis ans Ende.
Nimm uns in deine Hände
an jedem Tag, Herr Christ,
daß alle Dunkelheiten
uns werden Herrlichkeiten,
weil du ja bei uns bist!

Ein Jahr des Lebens — ein Vogelflug,
der über den Strom der Zeit uns trug,
ein Gnadenlehn aus des Höchsten Hand,
ein Körnlein Sandes am Erdenstrand,
ein Ackerfeld, das nach Gottes Rat
entgegenharret der guten Saat,
ein Windeshauch, verweht, wie ein Traum,
ein Blatt — eine Frucht am Lebensbaum,
ein Wellenschlag in dem Strom der Zeit,
ein Schritt zum Ufer der Ewigkeit.
Ein Jahr des Lebens, ein kostbar Pfand!
Herr, schirm es gnädig mit deiner Hand!
Laß nicht vergebens sein seinen Lauf
und lenke ihn täglich zu dir hinauf!

Du wollst dein Licht in uns entzünden,
du Freudenglanz der Ewigkeit,
daß unsre Herzen zu dir finden
aus allem Dunkel dieser Zeit,
daß nichts uns, Herr, von dir je trennt.
Schenk uns gesegneten Advent!

*

O du gnadenreiche Zeit!
Wenn dein Licht entbrennt,
machst du uns den Weg bereit
zu dem Kind der Ewigkeit,
seliger Advent!

Advent

Über einer verlorenen Welt
leuchtet das Morgenrot.
Einer ist Sieger, wenn alles zerfällt.
Einer endet die Not.

Einer stillet die Unruh und Hast,
schenkt uns Frieden und Ruh,
hilft uns tragen die schwere Last,
weist uns der Heimat zu.

Dieser Eine — welch tröstliches Licht —
läßt uns niemals allein.
Ewiglich hält er, was er verspricht;
welch ein Geborgensein!

Sorg nur, mein Herze, daß er dich kennt;
halt dich bereit und werd still,
wenn der König des heil'gen Advent
auch zu dir kommen will!

Alles gewinnst du, wenn du ihn hast,
der auf dem Weg ist zu dir.
Halt ihn im Herzen, bis du als Gast
stehst einst vor seiner Tür!

Wie traut hält uns umfangen,
Advent, dein lichter Schein!
In Herzen voller Bangen
zieht nun die Freude ein.
O Welt, was kannst du geben,
das dem, der kommt, ist gleich?
Er bringt uns Heil und Leben
und macht uns froh und reich.

Der größte Glanz hienieden
auf unsrer Erdenbahn
gleicht niemals jenem Frieden,
den Christus geben kann.
Drum halte ihm die Treue,
wohin du immer gehst,
damit es dich nicht reue,
wenn du einst vor ihm stehst.

Du, Herr, wollst uns bereiten.
Lös unser ganzes Sein
von den Vergänglichkeiten,
daß wir dich sehn allein!
Mit dir kam Licht und Leben
in diese Welt hinein.
Hilf, daß wir weitergeben
von diesem Freudenschein!

Daß uns die Gnadenzeiten,
in denen wir noch stehn,
nicht ungenutzt entgleiten,
das ist's, was wir erflehn.
Wie bald erlischt die Kerze —
verrinnt, was auch geschah!
Du wandelbares Herze,
sei wach! Der Herr ist nah!

Es wird doch Weihnacht

Du heil'ges Kind der Gnaden,
das uns das Heil gebracht,
du willst uns wieder laden
und kommst in unsre Nacht.

Voll Zagen und voll Hoffen
schaun wir der Weihnacht Licht.
Wir sehn den Himmel offen
und unsre Not zerbricht.

Der Liebe Meer ohn Ende
umflutet uns so warm.
Ob noch so leer die Hände,
das Herz voll Gram und Harm,

es will doch Weihnacht werden
trotz Kummer, Leid und Streit.
Was erdhaft, laß der Erden,
Herz, du bist Ewigkeit.

Gefunden!

Nur wer im Dunkel gestanden,
in Nacht, auf einsamem Feld,
der hat den Jubel verstanden:
Sie kamen eilend und fanden
das Kind, den Heiland der Welt.

Und hörst du aus himmlischen Toren
den Ruf, der das Höchste umschließt:
„Auch dir ward der Heiland geboren,
auch du bist zum Leben erkoren!"
Dann weißt du, was Weihnacht ist!

Weihnacht

Nun fällt das Licht der Ewigkeit
auf unsern dunklen Pfad;
denn aller Menschen Lust und Leid
hüllt Gott in seine Gnad.

Drum laßt uns freun und fröhlich sein,
daß es dies Wunder gibt!
Kein Menschenherz ist mehr allein,
es wird von Gott geliebt.

Ein wundersamer Jubelton
durchzieht die weite Welt,
daß Jesus Christus, Gottes Sohn,
zum Bürgen sich gestellt.

Es weist der helle Morgenstern
zum Vaterhaus hinauf,
und über unsrer Gottesfern
geht nun die Sonne auf.

Du heil'ges Kind machst frei die Bahn.
Wie schenkst du königlich!
Du hast den Himmel aufgetan
zur Weihnacht auch für mich!

Zu uns gekommen

Jauchz Erd und Himmel voller Freud
dem Heiland Jesus Christ,
daß er in unser Erdenleid
zu uns gekommen ist!

Jauchz ihm, mein Herz, voll Dankbarkeit
für seine große Gnad,
in die er dich in Ewigkeit
auch eingeschlossen hat!

Nun hebt die große Freude an:
Das Licht der Ewigkeit
erfüllt mit seinem Strahlenglanz
der Erde Dunkelheit.

Aus Gottes Vaterherzen strömt
der wundersame Schein.
Er gibt den Sohn, das Licht der Welt,
in unsre Nacht hinein.

Ermiß der Liebe Wundermacht,
die selbst ihr Liebstes gibt!
Kein Herz im weiten Erdenrund
ward jemals so geliebt.

Mach doch der großen Freude Raum,
wer immer du auch bist:
In einer Krippe liegt für dich
dein Heiland Jesus Christ!

Am Jahresrand

Es ist so wundersam am Jahresrand,
daß ich gehalten werd von Gottes Hand.
Daß seine Hand das alte Jahr verschließt
und daß aus ihr das neue Jahr mich grüßt.
Es ist die Hand, die Weg bestimmt und Zeit,
aus dieser Hand strömt mir Geborgenheit.
Sie füllt mein Herz mit tiefer Zuversicht;
denn diese Hand ist stark und läßt mich nicht.
Sie hat einmal mit Schmerzen mir erbracht
das Heil, das meine Seele selig macht.
Sie weiß am besten, was mir nötig ist,
schenkt mir aus Gnaden dieses Jahres Frist.
Ich bin getrost, wo auch der Weg führt hin,
weil ich in dieser Hand geborgen bin.

*

Bleib bei uns, Herr, auf allen Wegen,
geh täglich mit uns aus und ein,
und laß uns unter deinem Segen
auch anderen zum Segen sein!

Neujahr

Und immer wieder reiht sich Jahr an Jahr.
So segnet uns dein nimmermüdes Geben,
daß deine Herrlichkeit werd offenbar
in unserm Leben.

Ein Jahr — ein Flügelschlag der flücht'gen Zeit
und zählt doch zu den anvertrauten Pfunden,
an die dein Wort in alle Ewigkeit
uns hat gebunden.

Im Blick auf dich sei nun der Schritt gewagt,
Versäumtes spüren täglich wir aufs neue.
Nur eins macht uns getrost und unverzagt:
Herr, deine Treue!

Du gehst mit in des Weges Dunkelheit.
Voll Dank wir unser Herz zu dir erheben.
Hilf nur, des neuen Jahres Gnadenzeit
dir, Herr, zu leben!

*

Wir brauchen immer nur auf dich zu sehn.
Du bist das Licht auch auf dem dunklen Pfade.
Du weißt den Weg, den du mit uns willst gehn,
und dieser Weg heißt immer für uns: Gnade.

Wir preisen dich, Herr Jesus Christ,
der du vom Tod erstanden bist,
daß deine große Liebesmacht
ans Herz des Vaters uns gebracht!
Nun dürfen wir mit allem Flehn
als seine Kinder zu ihm gehn.

In diesem hellen Osterschein
darf nun kein Herz mehr traurig sein.
Das Grab ist leer; denn Jesus lebt,
der aus der Nacht zum Licht uns hebt.
Uns Schuldbeladnen, todgeweiht,
schenkt Leben er in Ewigkeit.

O sagt es allen: Jesus lebt!
Damit kein Herz ihm widerstrebt,
sein Lieben werde offenbar!
Mach uns zu deiner Jüngerschar
und gib, daß keiner unterlieg!
Herr Jesus Christ, hilf uns zum Sieg!

Das Kreuz

Über allem Haß und Streiten
in der Welt voll Trug und List,
über allen Dunkelheiten
ragt dein Kreuz, Herr Jesus Christ,

auch noch heut in unsern Tagen,
und kein Zweifel löscht es aus,
will uns immer wieder sagen:
Offen steht das Vaterhaus!

Heil'ges Kreuz, der Liebe Zeichen,
die so unergründlich ist.
Möchten wir nie von dir weichen,
Herr und Heiland Jesus Christ!

Du Kreuz von Golgatha, wie bist du groß!
Du sprichst uns schuldig, und du sprichst uns los.
Klagst jedes Menschenherz so bitter an,
und hast doch deine Arme aufgetan.
Du reichst hinab bis in den tiefsten Pfuhl
und ragst hinauf zu Gottes Gnadenstuhl.
Du bist die Mitte, die die Deinen eint,
bist Scheidewand für jeden, der dir feind.
Vergäßen wir's doch nie, Herr Jesus Christ,
daß du für uns ans Kreuz gegangen bist!

Es ist vollbracht

Siegesruf, der alle Himmel füllt,
der der Erde Enden läßt erbeben,
der den Jammer einer Menschheit stillt,
der uns Todgeweihten schenkt das Leben!

Über allem, was die Erde sah,
ragt das hohe, heil'ge Kreuzeszeichen.
Vor dem Siegesruf auf Golgatha
müssen Höll und Tod auf ewig weichen.

Welch ein Trost! Ist auch der Kampf nicht aus,
liegen wir auch täglich noch im Streite,
der einst siegte in dem harten Strauß,
der steht uns auch heute noch zur Seite.

Was uns auch umschließt, ob Not, ob Nacht,
Gottes Arme sind's, in die wir fallen;
denn der Siegesruf: „Es ist vollbracht!"
gilt dem bangsten Herzen, gilt uns allen.

Jesus lebt!

Welch ein Geschehen, die Erde bebt!
Christ ist erstanden! Er lebt! Er lebt!
Nun muß verstummen Klage und Not,
Jesus ist Sieger, gelobt sei Gott!
Laßt uns nun treten ins Osterlicht
und laßt uns hören, was Jesus spricht:
„Ob ihr auch sterbet im Todeswehn,
wer an mich glaubt, wird ins Leben gehn!"

*

Ja, aus Tod und Grabesbanden
ist der Heiland auferstanden!
Und wir sollten uns nicht freun?
Die wir uns die Seinen nennen,
sollten nicht in Liebe brennen,
seine Zeugen nun zu sein?

Jesu Sieg ist unser Leben.
Darum sei es ihm gegeben,
er ist unser, wir sind sein.
Laßt das Osterlicht uns tragen
heute und an allen Tagen
in die dunkle Welt hinein!

Ostern

Nun kann es nie ganz dunkel werden,
seit Jesus Christus auferstand,
seit er als Sieger einst auf Erden
die Macht des Todes überwand.

Nun braucht kein Herz mehr zu verzagen;
denn dieses helle Osterlicht
geht mit uns nun an allen Tagen,
macht uns voll Dank und Zuversicht.

Denn Jesu Sieg ist unser Leben,
des Todes Macht nun unterliegt,
und ew'ger Trost ist uns gegeben,
weil unser Heiland lebt und siegt.

*

In diesem hellen Osterschein
darf nun kein Herz mehr traurig sein,
als wäre nichts geschehen.
Der uns des Todes Macht entriß,
macht auch des Glaubens uns gewiß,
daß wir einst auferstehen!

Dein Heiland lebt!

Das ist das allerbitterste der Leiden,
daß unsre Schuld die Dornenkrone wand.
Das ist die allergrößte unsrer Freuden,
daß Jesus Christus siegreich auferstand.
Nun strahlt ein Licht in alle Dunkelheiten,
die uns die Nacht der Finsternis je schuf:
Dein Heiland lebt! In alle Ewigkeiten
gilt dir, mein Herz, nun dieser Siegesruf!

*

Jesu Sieg ist unser Leben,
darum sei es ihm gegeben:
Er ist unser, wir sind sein.
Laßt das Osterlicht uns tragen
heute und an allen Tagen
in die dunkle Welt hinein!

Felsengrund, auf dem wir stehen,
ob auch alles wankt und fällt,
Morgenhelle, die wir sehen,
ob von Dunkel wir umstellt.
Siegesruf, schall übers Land:
Jesus Christus auferstand!

Trost und Kraftquell unsres Lebens,
Stern in tiefer Dunkelheit.
Keine Hoffnung ist vergebens,
Gottes Herz steht offen weit.
Juble laut, gesegnet Land:
Jesus Christus auferstand!

Fürst des Lebens, deine Hände
bergen uns im letzten Schlaf.
Todesfurcht hat nun ein Ende,
seit dein Siegesruf uns traf.
Auch das letzte Bangen schwand,
weil der Heiland auferstand.

Lob und preis ihn, meine Seele,
der das Leben uns erkor,
der aus finstrer Grabeshöhle
auch uns hebt zum Licht empor!
Jauchz dem Auferstandnen zu!
Auferstehen wirst auch du!

Bitte um den Heiligen Geist

O du heil'ges Geisteswehen,
eine, was zerrissen ist,
daß wir stets auf dich nur sehen,
Herr und Heiland Jesus Christ,
daß, wo immer man dich kennt,
einer Liebe Flamme brennt!

Wehe, daß der Sturm wird stille
und wir betend auf dich schaun,
damit deines Geistes Fülle
kann das dürre Land betaun
und für jenen großen Tag
Geistesfrucht ersprießen mag!

Laß es wieder Pfingsten werden,
Pfingsten, wie es einstmals war,
daß sich neu entzünd auf Erden
flammend der Bekenner Schar,
die in Wahrheit sich erweist
als erfüllt mit deinem Geist!

Himmelfahrt

Der zum Himmel du gefahren,
herrlich dich zu offenbaren
als des ew'gen Vaters Sohn,
ihm zur Rechten auf dem Thron.
Schau in Gnaden auf uns nieder,
zieh uns nach als deine Glieder!

Mach das Herz uns voll Verlangen,
fester noch an dir zu hangen
und auf unsrer Lebensbahn
dir zu folgen himmelan,
dich von Herzensgrund zu preisen,
Lob und Dank dir zu erweisen!

Wollst uns in der Welt bewahren,
dir einst selig nachzufahren,
und uns täglich Kraft verleihn,
deine Zeugen hier zu sein,
bis wir dich im Himmel droben
ewig preisen, ewig loben!